Trainingsplan für eine gesunde 41-Jährige. Erhalt und Verbesserung der Beweglichkeit sowie Muskelentspannung

Lennart Autschbach

Bibliografische Information der Deutschen Nationalbibliothek:

Die Deutsche Nationalbibliothek verzeichnet diese Publikation in der Deutschen Nationalbibliografie; detaillierte bibliografische Daten sind im Internet über http://dnb.d-nb.de abrufbar.

ISBN: 9783346484802
Dieses Buch ist auch als E-Book erhältlich.

© GRIN Publishing GmbH
Nymphenburger Straße 86
80636 München

Druck und Bindung: Books on Demand GmbH, Norderstedt Germany
Gedruckt auf säurefreiem Papier aus verantwortungsvollen Quellen

Das Buch bei GRIN: https://www.grin.com/document/1118984

Deutsche Hochschule für
Prävention und Gesundheitsmanagement
Hermann Neuberger Sportschule 3
66123 Saarbrücken

Einsendeaufgabe

Fachmodul: Trainingslehre III

Studiengang: Fitnessökonomie – Bachelor of Arts

Name, Vorname: Autschbach, Lennart

Inhaltsverzeichnis

1 Personendaten

Tab. 1: Allgemeine Personendaten

Alter	41 Jahre
Geschlecht	weiblich
Körpergröße	160 cm
Körpergewicht	65 kg
BMI	25,4 Normalwerte 21-26
Trainingsmotive	Fit bleiben durch den Erhalt und die Verbesserung der allgemeinen Beweglichkeit und Koordination. Die Alltagsbewegungen sollen weiterhin gut ausgeführt werden können. Darüber hinaus ist eine bessere Entspannung der Muskulatur gewünscht.
berufliche Tätigkeit	Biochemikerin
Frühere und aktuelle sportliche Aktivität (Leistungsstufe und Trainingsumfang)	Im Alter von 12 bis 20 Jahren wurde drei mal pro Woche Handballtraining absolviert seit dem geht sie zwei mal pro Woche für 45 Minuten joggen.
zeitlicher Verfügungsrahmen	drei mal pro Woche für jeweils 60 Minuten
allgemeiner Gesundheitszustand	Keine relevanten Verletzungen, Einschränkungen oder Zufuhr von Medikamenten
Ruhepuls	71 Schläge pro Minute Normalwert 60 bis 80 Schläge pro Minute
Blutdruck	129 mmHg / 84 mmHg

1.1 Bewertung des Gesundheitszustands der Person

Die Person kann als voll belastbar im Sinne eines Beweglichkeitstraining und Koordinationstraining eingestuft werden, da keine akuten Verletzungen oder Schmerzen vorliegen und ebenfalls ein regelmäßiges Konditionstraining durchgeführt wird. Die Person nimmt keine Medikamente ein und ist auch nach BMI nicht übergewichtig. Auch der Ruhepuls befindet sich in einem gesunden Bereich. Der Gesundheitszustand kann somit als gut bezeichnet werden. In Bezug auf die Beweglichkeit, lassen sich keine Aussagen treffen, jedoch müssen keine weiteren Einschränkungen in Bezug auf das Training vorgenommen werden.

2 Beweglichkeitstestung

Mit dem Testverfahren zur Beweglichkeitsdiagnostik angelehnt an die Muskelfunktionsüberprüfung nach Janda (2000) wird eine grobe Einschätzung der Beweglichkeit in den großen Gelenken gegeben und das maximale Ausmaß des Gelenkwinkels bestimmt. Der

Test wird bilateral ausgeführt, da das Ziel besteht, Muskelschwächen und Beweglich-
keitsdefizite herauszufinden. Die Schmerztoleranz des Kunden entscheidet hier über die
maximale Gelenkamplitude. Im Verlauf des Tests, werden beidseitig, die Muskelgruppen
des M. pectoralis major, des M. iliopsoas, des M. rectus femoris, der Mm. Ischiocruralesc
und der Mm. triceps surae auf ihre Beweglichkeit getestet. Es gibt verschiedene Einstu-
fungen in der Bewertung, die von null bis zwei reichen. Die Ergebnisse der einzelnen
Tests werden mit den Richtwerten verglichen und bewertet.

Tab. 2: Testung des M. pectoralis major

Testdurchführung (Janda,2000, S.270)	Für die korrekte Ausführung, legt die Person sich in Rü-ckenlage auf eine Behandlungsliege. Die Beine stehen im angewinkelten Zustand auf der Liege, sodass die Füße Kontakt zur Auflage haben. Nun fixiert der Tester den Thorax in diagonaler Richtung, zur getesteten Seite mit einem leichten Zug. Der Arm der getesteten Seite ist im Schultergelenk abduziert und außenrotiert und weißt im Ellenbogengelenk einen 90° Beugewinkel auf. Das Be-cken und die Lendenwirbelsäule müssen fixiert bleiben, da ein Abheben des Beckens oder eine Hyperlordose in der Lendenwirbelsäule zu Messverfälschungen führen. Im Bereich des Oberarms zur Horizontalen wird auf bei-den Seiten gemessen.

Tab. 3: Bewertung des Tests des M. pectoralis major

Stufe	Testauswertung (Janda, 2000, S.271)
0	Keine Beweglichkeitsdefizite vorzufinden. Der Arm er-reicht die Horizontale und kann durch einen leichten Druck des Testers auch unter die Horizontale bewegt werden.
1	Leichte Beweglichkeitsdefizite vorzufinden. Der Arm kann nur durch leichten Druck des Testers die Horizontale er-reichen.
2	Beweglichkeitsdefizite vorzufinden, da der Arm auch ohne Druck des Testers, die Horizontale nicht erreichen kann.

Tab. 4: Testung des M.iliopsoas

Testdurchführung (Janda,2000, S.258)	Die Person legt sich für die korrekte Ausführung in Rü-ckenlage auf die Behandlungsliege wobei das Gesäß mit dem Rand der Liege abschließt. Die Person zieht ein Bein, im angewinkelten Zustand, soweit wie möglich und gegebenenfalls mit Unterstützung des Testers, an den Oberkörper heran. Das andere Bein ist im Überhang. Die Hüftflexion des überhängenden Beines wird vom Tester beobachtet.

Testdurchführung (Janda,2000, S.258)	Dieser misst die Hüftbeugeposition (die Position des Oberschenkels, im Verhältnis zur Körperlängsachse). Das Becken und die Lendenwirbelsäule müssen fixiert bleiben, da ein Abheben des Beckens oder eine Hyperlordose in der Lendenwirbelsäule zu Messverfälschungen führen.

Tab. 5: Bewertung des Tests des des M.iliopsoas

Stufe	Testauswertung (Janda, 2000, S.259)
0	Keine Beweglichkeitsdefizite vorzufinden. Der Oberschenkel erreicht die Horizontale und kann durch einen leichten Druck des Testers auch unter die Horizontale bewegt werden.
1	Leichte Beweglichkeitsdefizite sowie eine leichte Hüftbeugestellung vorzufinden. Der Oberschenkel kann nur durch leichten Druck des Testers die Horizontale erreichen.
2	Beweglichkeitsdefizite vorzufinden, da der Oberschenkel auch ohne Druck des Testers, die Horizontale nicht erreichen kann.

Tab. 6: Testung des M. rectus femoris

Testdurchführung (Janda,2000, S.258)	Die Person legt sich für die korrekte Ausführung in Rückenlage auf die Behandlungsliege wobei das Gesäß mit dem Rand der Liege abschließt. Die Person zieht ein Bein, im angewinkelten Zustand, soweit wie möglich an den Oberkörper heran. Das andere Bein wird durch den Tester im maximal möglichen Hüftextensionswinkel fixiert. Dieses Bein wird anschließend am Sprunggelenk, durch den Tester in einen maximal möglichen Kniebeugewinkel gebracht, darf aber nicht durch die Auflagefläche behindert werden, da dies wie auch ein Abheben des Beckens oder eine Hyperlordose in der Lendenwirbelsäule zu Messverfälschungen führen. Die maximal mögliche Beugung im Kniegelenk wird durch den Winkel zwischen Ober und Unterschenkel gemessen.

Tab. 7: Bewertung des Tests des M. rectus femoris

Stufe	Testauswertung (Janda, 2000, S.259)
0	Keine Beweglichkeitsdefizite vorzufinden. Der Unterschenkel hängt senkrecht ab und durch einen leichten Druck des Testers, kann die Kniebeugung vergrößert werden.
1	Leichte Beweglichkeitsdefizite vorzufinden. Der Unterschenkel ist leicht nach vorne gestreckt. Durch leichten Druck des Testers kann ein 90° Kniebeugewinkel erreicht werden.
2	Beweglichkeitsdefizite vorzufinden.

Stufe	Testauswertung (Janda, 2000, S.259)
2	Der Unterschenkel ist deutlich nach vorne gestreckt und kann auch nicht durch leichten Druck des Testers einen 90° Kniebeugewinkel gebracht werden.

Tab. 8: Testung der Mm. Ischiocrurales

Testdurchführung (Janda,2000, S.261)	Für die korrekte Ausführung, legt die Person sich in Rückenlage auf eine Behandlungsliege. Der Tester führt das zu testende Bein, am Sprunggelenk, mit einer Streckung im Kniegelenk in eine maximale Hüftflexion, dieses muss getreckt bleiben. Das andere Bein ist im Knie – und Hüftgelenk gebeugt, sodass der Fuß die Auflagefläche berührt. Dieses Bein darf diese Position nicht verlassen. Ebenfalls führt ein Abheben des Beckens oder eine Hyperlordose in der Lendenwirbelsäule zu Messverfälschungen. Deshalb müssen diese fixiert bleiben. Die Testung erfolgt über eine maximal mögliche Hüftflexion. Der Winkel zwischen Beinachse und Longitudinalachse gilt als Messbereich.

Tab. 9: Bewertung des Tests der Mm. Ischiocrurales

Stufe	Testauswertung (Janda, 2000, S.262)
0	Es sind keine Beweglichkeitsdefizite vorzufinden. Die Flexion im Hüftgelenk erreicht ein Ausmaß von 90°.
1	Es sind leichte Beweglichkeitsdefizite vorzufinden. Die Flexion im Hüftgelenk erreicht ein Ausmaß zwischen 80° bis 90°.
2	Es sind Beweglichkeitsdefizite vorzufinden, da die Flexion im Hüftgelenk nur unter 80° möglich ist.

Tab. 10: Testung der Mm. triceps surae

Testdurchführung (Janda,2000, S.255)	Die Person legt sich für die korrekte Ausführung in Rückenlage auf die Behandlungsliege. Das nicht zu testende Bein steht angewinkelt auf der Auflage. Das zu testende Bein, ist gestreckt und ragt mit der distalen Hälfte des Unterschenkels über das Ende der Liege hinaus. Der Tester greift mit einer Hand den Fuß am Fersenbein und mit der anderen Hand den Fuß an der Fußaußenkante. Mit dieser Hand wird ein distaler Zug auf die Ferse ausgeübt. Die Daumen der anderen Hand führt den Vorfuß mit einem leichten Druck zum Schienbein hin. Hier kann ein Druck auf die Mitte der Fußsohle ausgeübt, kann es zur reflektorischen Anspannung der Mm. Triceps surae kommen, welche das Messergebnis verfälschen.

Tab. 11: Bewertung des Tests der Mm. triceps surae

Stufe	Testauswertung (Janda, 2000, S.255)
0	Es sind keine Beweglichkeitsdefizite vorzufinden.

Stufe	Testauswertung (Janda, 2000, S.255)
0	Ein Winkel von 90° zwischen Fuß und Unterschenkel kann erreicht werden. Die Dorsalextension ist bis zur 0°-Stellung möglich.
1	Es sind leichte Beweglichkeitsdefizite vorzufinden. Die Dorsalextension ist möglich, jedoch wird eine 0°-Stellung nicht erreicht.
2	Es sind Beweglichkeitsdefizite vorzufinden, da die Dorsalextension nur bis 10° unterhalb der 0°-Stellung möglich ist.

Tab. 12: Ergebnisse und Bewertung der Person des Beweglichkeitstests

Muskelgruppe	Ergebnis	Bewertung
M. pectoralis major	Rechts 0 / Links 0	Die Person verfügt über eine bewegliche Brustmuskulatur und benötigt kein spezielles Training.
M. iliopsoas	Rechts 0 / Links 0	Die Person verfügt über eine bewegliche Hüftbeugemuskulatur und benötigt kein spezielles Training.
M. rectus femoris	Rechts 1 / Links 1	Die Person verfügt über eine bewegliche Kniestreckmuskulatur mit leichten Defiziten, benötigt aber kein spezielles Training.
Mm. ischiocrurales	Rechts 1 / Links 1	Die Person verfügt über eine bewegliche Kniebeugemuskulatur mit leichten Defiziten, benötigt aber kein spezielles Training.
Mm. triceps surae	Rechts 1 / Links 1	Die Person verfügt über eine bewegliche Wadenmuskulatur mit leichten Defiziten, benötigt aber kein spezielles Training.

Abschließend lässt sich erkennen, dass die Person in einem guten Trainingszustand ist. Bis auf kleine Abweichungen in drei Gelenken der getesteten Muskelgruppen lässt sich eine gute Beweglichkeit erkennen. Auf Basis dieser Ergebnisse kann ein Trainingsplan für den Erhalt der Beweglichkeit erstellt werden.

3 Trainingsplanung Beweglichkeitstraining

Als angegebene Ziele der Person wurden primär der Erhalt und die Verbesserung der Beweglichkeit sowie eine bessere Entspannung der Muskulatur angegeben. Um dies zu erreichen, wird ein Trainingsplan erstellt, welcher zehn Muskelgruppen des Körpers anspricht. Es werden aktive und passive Dehnmethoden eingesetzt, sowie postisometrische, die mit einer statischen oder dynamischen Ausführung durchgeführt werden um auch unterschiedliche Trainingsreize zu setzen. Das dynamische Dehnen über einen Zeitraum von zwei Wochen ist den anderen Dehntechniken aber überlegen (Curry et al., 2009; Wydra et al., 1999). Die Regelmäßigkeit des Trainings steht aber im Vordergrund, um die Beweglichkeit zu erhöhen (Schönthaler & Ohlendorf, 2002, S.29).

Da die Person ein gutes Ergebnis im Beweglichkeitstest erzielt hat, muss kein Schwerpunkt gelegt werden, jedoch werden die oberen Extremitäten in den Vordergrund gestellt, damit sie ihre Alltagsbewegungen, gerade im Beruf, ohne Probleme durchführen kann.

3.1 Belastungsgefüge

Da die Person einen Verfügungsraum von drei Einheiten pro Woche hat, wird dieser komplett genutzt. Dieser reicht vollkommen aus um die Beweglichkeit zu verbessern (Rancour, Holmes & Cipriani, 2009). Da die Person als Anfänger einzustufen ist, wird ein zeitlicher Umfang von 30 Minuten eingeplant. Dieser wird an zwei Tagen an die 30 minütigen Laufeinheiten angehangen, und als Cool-down genutzt, um die Laufleistung nicht zu beeinflussen und die Regenration zu verbessern. Bei den statischen Dehnübungen wird eine Dehndauer bis zu 45 Sekunden angestrebt. Die Wiederholungsanzahl der dynamischen Dehnungsübungen wird ebenfalls im Intervall von 45 Sekunden ausgeführt. Zehn bis 15 Wiederholungen pro Satz werden angestrebt, da sich nach Glück (2005) danach keine weitere Steigerung der Bewegungsreichweite erkennen lassen würde. Als Dehnintensität wird hier eine möglichst hohe Dehnspannung verwendet. Es werden maximal drei Sätze pro Übung durchgeführt. Die Dauer der Pause zwischen den Sätzen liegt bei 30 Sekunden.

Tab. 13. Übung für den vorderen Oberschenkel

Zielmuskulatur	Beinstrecker
Dehnform	aktiv-passiv
Arbeitsweise	statisch
Ausführung	Im schulterbreiten Stand, wird ein Fuß soweit wie möglich an das Gesäß geführt. Das Bein wird dazu angewinkelt und mit beiden Händen am Fußgelenk gehalten. Es kann ein leichter Zug ausgeübt werden. Nach 45 Sekunden wird die Seite gewechselt. Das andere Bein befindet sich demnach in der Ruhestellung und man braucht keine Pause einzulegen.
Anmerkung	Zur Stabilisation spannt man den Bauch an und bei Bedarf kann sich an einem Gegenstand abgestützt werden.

Tab. 14: Dehnung des hinteren Oberschenkels

Zielmuskulatur	Beinbeuger
Dehnform	passiv
Arbeitsweise	postisometrisch
Ausführung	In der Rückenlage werden beide Beine ausgestreckt. Ein Bein wird leicht angewinkelt an den Körper herangezogen und vom Trainer Richtung Kopf gedrückt. Diese Position wird vom Trainer gehalten, bis die Zeit abgelaufen ist. Danach drückt die Person gegen die Spannungsquelle. Nach zehn Sekunden wird diese gelöst und der Grad der Dehnung erhöht. Danach wird die Seite gewechselt.
Anmerkung	Die ausgeübte Spannung wird bei jedem Satz gesteigert.

Tab. 15: Dehnung der Adduktoren

Zielmuskulatur	Adduktoren
Dehnform	passiv
Arbeitsweise	statisch
Ausführung	Im aufrechten Sitz, werden beide Füße zum Gesäß gezogen. Beide Fußsohlen berühren sich und werden mit den Händen fixiert. Die Knie zeigen nach außen. Beide Oberschenkel werden Richtung Boden gedrückt.
Anmerkung	Der Rücken muss gerade sein und wenn eine leichte Dehnung eintritt, wird die Position für 45 Sekunden gehalten.

Tab. 16: Dehnung der Rückenmuskulatur

Zielmuskulatur	Rückenstrecker, Kapuzenmuskel, Deltamuskel
Dehnform	aktiv
Arbeitsweise	dynamisch
Ausführung	Im „Vierfüßlerstand" wird das Kinn zum Brustbein geführt und der Rücken nach oben zu einer Wölbung gebogen. Nach 20 Sekunden wird der Rücken soweit wie möglich nach unten durchgestreckt und das Kinn angehoben.
Anmerkung	Zur Stabilisation spannt man den Bauch an.

Tab. 17: Dehnung der Gesäßmuskulatur

Zielmuskulatur	Gesäßmuskulatur
Dehnform	aktiv
Arbeitsweise	dynamisch
Ausführung	Im aufrechten Stand, wird ein Arm waagerecht Richtung ausgestreckt. Nun wird versucht mit einer Bewegung des diagonalen Beines, welches durchgestreckt ist, den ausgestreckten Arm zu berühren.
Anmerkung	Es wird ohne Schwung gearbeitet.

Tab. 18: Dehnung der Wadenmuskulatur

Zielmuskulatur	Wadenmuskulatur

Dehnform	passiv
Arbeitsweise	statisch
Ausführung	Im Stehen wird mit beiden Händen unter die Fußsohle gegriffen. Die Fußspitze eines durchgestreckten Beines wird Richtung Schienbein gezogen.
Anmerkung	Das nicht zu dehnende Bein ist leicht angewinkelt.

Tab. 19: Dehnung der Schultermuskulatur

Zielmuskulatur	Deltamuskel
Dehnform	passiv
Arbeitsweise	statisch
Ausführung	Ein Arm wird ausgestreckt in die waagerechte gehoben und die Hand wird auf die gegenüberliegende Schulter gelegt. Mit der anderen Hand wird der Ellenbogen umfasst und Richtung Schulter gedrückt.
Anmerkung	Um den Dehnungseffekt zu verstärken kann die Schulter weiter nach außen gezogen werden.

Tab. 20: Dehnung der Brustmuskulatur

Zielmuskulatur	Brustmuskulatur, Deltamuskel
Dehnform	passiv
Arbeitsweise	statisch
Ausführung	Im aufrechten Stand, mit Blick Richtung einer Wand, wird ein Unterarm im 90° Winkel zum Oberarm an die Wand geführt. Dieser wird dort gehalten und man richtet sich mit dem Oberkörper zur diagonalen Seite bis eine Dehnung zu verspüren ist.
Anmerkung	Zur Stabilisation spannt man den Bauch an.

Tab. 21: Dehnung der Nackenmuskulatur

Zielmuskulatur	Nackenmuskulatur
Dehnform	aktiv-passiv
Arbeitsweise	statisch
Ausführung	Im aufrechten Stand werden beide Schultern nach unten gesenkt. Eine Hand wird auf den Kopf gelegt und übt leichten Druck in eine Richtung aus.
Anmerkung	Die Schulter des nicht angehobenen Armes, wird ebenfalls mit leichtem Druck nach unten geführt.

Tab. 22: Dehnung der Rückenmuskulatur

Zielmuskulatur	Rückenmuskulatur
Dehnform	passiv
Arbeitsweise	statisch
Ausführung	In der Rückenlage, werden beide Knie umfasst und zur Brust gezogen. Es wird versucht mit der Stirn die Knie zu berühren, bis eine Dehnung im Rücken bemerkbar ist.
Anmerkung	Die Position wird für 45 Sekunden gehalten.

4 Trainingsplanung Koordinationstraining

Da die Person ihre Fähigkeit zur Durchführung von verschiedenen Alltagsbewegungen behalten will, wird ein Koordinationstraining geplant, welches einfache sowie schwierige Gleichgewichtsübungen mit und ohne Hilfsmittel durchgeführt wird. Um eine Steigerung der Koordination zu erlangen, werden verschiedene Prinzipien (vom Bekannten zum Unbekannten, vom Leichten zum Schweren, vom Langsamen zum Schnellen, vom Einfachen zum Komplexen) die Übungsauswahl bestimmen. Hier steht die intermuskuläre Koordination im Vordergrund, die das Zusammenwirken verschiedener, an einem Bewegungsablauf beteiligter Muskeln beschreibt (Chwilkowski, 2006, S.9). Die Dauer des Trainings sollte zwischen zehn und 45 Minuten liegen (Chwilkowski, 2006, 60 ff; Häfelinger & Schuba, 2007, S.61), da die Person wenig Erfahrung in diesem Bereich hat, wird mit einer geringen Minutenanzahl gestartet. Laut Chwilkowski (2006) und Häfelinger & Schuba, (2007) ist bei statischen Übungen eine Haltedauer von fünf bis 60 Sekunden sinnvoll und bei dynamischen Wiederholungen eine Anzahl zwischen fünf und 30 ausreichend. Das Training wird abgebrochen sobald die Konzentration nachlässt oder Schmerzen auftreten. Deshalb wird die Person, das Training drei mal pro Woche, für 20 Minuten durchführen. Zehn verschiedene Übungen werden jeweils für drei Sätze demnach ausgeführt. Die Pause zwischen den Sätzen beträgt 30 Sekunden.

Tab. 23: Trainingsplanung Koordinationstraining

Übung	Durchführung
1. Körperschwerpunkt verlagern	Die Person stellt sich schulterbreit auf eine stabile Unterstützungsfläche. Nun wird der Körperschwerpunkt in alle Richtungen verlagert und dort für zehn Sekunden gehalten. Der Körper wird zurück ins Lot gebracht und die Richtung wird gewechselt. Um den Schwierigkeitsgrad zu erhöhen, werden im dritten Satz die Augen geschlossen.
2. Körperschwerpunkt im Einbeinstand verlagern	Zuerst begibt die Person sich in den Einbeinstand, dieser wird im ersten Satz stabilisiert. In den folgenden zwei Sätzen wird der Körperschwerpunkt in alle Richtungen verlagert. Um den Schwierigkeitsgrad zu erhöhen, werden im dritten Satz die Augen geschlossen
3. Beinschwung im Einbeinstand	Die Person stellt sich in den Einbeinstand. Ein Bein wird angehoben und jeweils fünf mal vor und zurück geschwungen. Die Arme schwingen richtungssynchron mit. Im letzten Satz dann gegenläufig.
4. Ballübergabe im Einbeinstand	Im Einbeinstand wird ein Ball mit beiden Händen über dem Kopf für fünf Sekunden gehalten. Dann wird der Ball

		in eine Hand übergeben, nach außen geführt und ebenfalls für fünf Sekunden gehalten. Nach einem Durchgang wird das Standbein gewechselt. Ein Satz beinhaltet drei Übergaben.
5.	Ballrollen um den Rumpf im Einbeinstand	Im Einbeinstand, wird der Ball dann um den Körper geführt, bis 45 Sekunden erreicht sind. In jedem Satz wird die Richtung und das Bein nach 20 Sekunden gewechselt.
6.	Ballprellen im Einbeinstand	Der Ball wird nun im Einbeinstand auf dem Boden zehn mal geprellt, es erfolgt ein Seitenwechsel und das Standbein wird gewechselt. Auch hier werden drei Sätze ausgeführt.
7.	Verlagerung des Oberkörpers im EInbeinstand	Die Person begibt sich in den Einbeinstand und verlagert ein Bein und den Oberkörper in die Horizontale. Der gegenläufige Arm zum angehobenen Bein, kann als Stabilisation genutzt werden. Die Position wird nach 20 Sekunden gewechselt. Es erfolgen drei Sätze.
8.	Störaktionen durch einen Partner im Einbeinstand	Es wird ein Einbeinstand eingenommen und der Partner übt verschiedene (schwach oder stark) Impulse auf den Körper in Höhe der Schulter aus. Es wird versucht für 20 Sekunden die Körperstellung zu armortisieren. Danach wird das Standbein gewechselt und ebenfall drei Durchgänge ausgeführt.
9.	Störaktionen durch einen Partner mit dem Thera Band	Es wird ein Einbeinstand eingenommen und ein Thera Band um den Körper gelegt. Der Partner hält das Thera Band und übt unterschiedlich starke Zugbewegungen auf den Körper aus. Die Seite der Zugrichtung kann unterschiedlich erfolgen.
10.	Störaktionen durch Impulsgebung des Partners im Einbeinstand	Es wird von beiden Personen ein Einbeinstand eingenommen und versucht sich mit verschiedenen Impulsen aus dem Gleichgewicht zu bringen, in dem man mit dem angehobenen Bein, das Bein des Partners durch Impulse bewegt. Zur Erhöhung der Schwierigkeit können die Hände hinzugenommen werden. Das Bein wird nach 20 Sekunden gewechselt und für drei Sätze wiederholt.

5 Literaturrecherche

Tab. 24: Studien zu Efekkte des Dehnens im Hinblick auf eine Verbesserung der sportlichen Leistungsfähigkeit

Name der Studie	Chronic Static Stretching Improves Exercise Performance	Vertical jump performance after passice static stretching of knee flexors muscles
Wer hat die Studie durchgeführt?	Kokkonen Joke, Nelson Arnold G., Eldredge Carol, Winchester Jason B.	Leal de Souza Leonardo Mendes, Paz Gabriel Andrade, Eloi Isabella Luiza, Dias Rodrigo, de Freritas

		Maia Marianna, Miranda Humberto, Lima Vicente Pinheiro
In welchem Jahr wurden die Studie publiziert?	2007	2016
Welche Forschungsfrage wurde untersucht?	Welchen Einfluss haben statische Dehnübungen auf bestimmte Trainingsleistungen?	Welchen Einfluss hat ein passives, statisches Dehnprogramm der Oberschenkelmuskulatur auf die vertikale Sprunghöhe?
Mit welchen Versuchspersonen wurde die Studie durchgeführt?	Es wurden zwei Gruppen aus 38 Freiwlligen gebildet. Beige Gruppen bestanden jeweils aus acht männlichen und elf weiblichen Probanden.	Zehn Männer und zehn Frauen nahmen an der Studie teil, die über mindestens drei Jahre Erfahrung im Widerstandstraining hatten. Ebenso mussten sie drei mal pro Woche ein Sprung und Dehntraining über mindestens drei Monate durchgeführt haben. Des weiteren durften keine Verletzungen oder Operationen in den unteren Extremitäten durchgeführt worden sein. Leistungssteigernde Substanzen waren ebenfalls ein Ausschlusskriterium.
Wie sah der Versuchsaufbau der Studie aus?	Die Dehngruppe führte drei mal pro Woche und innerhalb zehn Wochen ein 40 minütiges, statisches Dehnprogramm durch. Dieses richtete sich auf alle Hauptmuskelgruppen der unteren Extremitäten aus. Die Kontrollgruppe führte kein Dehnprogramm aus. Alle Probanden wurden vor und nach dem zehn wöchigen Dehnprogramm auf Flexibilität und Kraft getestet, welche anhand von 20 Meter Sprints, Weitsprung aus dem Stand, einmalige Kniebeuge und Anzahl der Wiederholungen bei 60% der 1 RM und einmalige Kniestreckung sowie Anzahl der Wiederholungen bei 60% der 1 RM gemessen wurde.	Es wurde ein zehn minütiges Aufwärmprogramm durchgeführt, welches aus Joggen, Sprungübungen und kurzen Sprints bestand. Danach wurden zwei Testprotokolle, mit jeweils 48 Stunden Abstand zueinander durchgeführt. Das erste Testprotokoll setze vertikal Sprünge ohne vorheriges Dehnen voraus. Mit dem zweiten Protokoll wurden vertikale Sprünge mit vorherigem Dehnen der Oberschenkelmuskulatur durchgeführt. Bei dem Dehnprogramm wurden die Probanden in Rückenlage gebracht. Ein Bein wurde durchgestreckt und durch eine andere Person angehoben. Die Dehnung wurde für 30 Sekunden gehalten. Dieser Vorgang wurde für jedes Bein jeweils drei mal wiederholt. Die Testperson stellte sich neben die Wand, streckte den Arm im 180 Grad Winkel. Diese Stelle wurde markiert. Ebenso wurde die höchste Stelle des Mittelfingers mit kreide markiert. Die Testperson

		sollte nun einen Sprung durchführen und die Wand mit gestrecktem Arm berühren. Der Unterschied zwischen den beiden Markierungen galt als Wert für den Versuch. Es wurden drei Versuche durchgeführt, von denen der höchste als gültig gemessen wurde.
Welche relevanten Ergebnisse und Schlussfolgerungen lieferte die Studie?	Die Dehngruppe zeigte erhebliche Verbesserungen in allen Bereichen. So wurde eine Verbesserung der Flexibilität um durchschnittliche 18,1% festgestellt. Ebenso verbesserte der Weitsprung sich durchschnittlich um 2,3%. Der Vertikalsprung um 6,7% und der 20 Meter Sprint um 1,3%. Die 1 RM Kniebeuge zeigte eine Verbessrung von 15,3%, sowie die Kniebeugenausdauer um 30,4%. Die 1 RM Kniestreckung wies eine Verbessrung von 32,4% sowie sich die Kniestreckungsausdauer um 28,5% verbesserte. Die Kontrollgruppe zeigte im Vergleich keine signifikanten Ergebnisse. Somit legt die Studie nahe, dass allein statische Dehnungsübungen, die kontinuierlich durchgeführt werden bestimmte Trainingsleistungen verbessern können.	Bei der Männergruppe konnte nach dem Dehnprogramm eine Verbesserung der Sprunghöhe von 13,6% festgestellt werden. Bei den Frauen kamen ebenfalls deutliche Verbesserungen von 11,6% nach dem Dehnprogramm zustande. Die Studie zeigt somit, dass auch bei Menschen mit Erfahrungen im Widerstandstraining, durch ein Dehnprogramm mit 90 Sekunden (3x30 Sekunden) Leistungen optimiert werden können.

6   Literaturverzeichnis

Chwilkowski, C. (2006). *Medizinisches Koordinationstraining – Verbesserung der Hal
tungs- und Bewegungskoordination durch Propriozeption* (2.Aufl.). Köln: Deuts
cher Trainer Verlag.

Curry, B. S., Chengkalath, D., Crouch G. J., Romance, M. & Manns, P. J. (2009). Acute
effects of dynamic stretching, sttic stretching, and Light aerobic activity on musc
ular performance in women. *Journa of Strength and Conditioning Research, 23*
(6), 1811 – 1819

Glück, S. (2005). *Beeinflussung der Beweglichkeit durch unterschiedliche physische und
psychische Einwirkungen.* Dissertation. Universität des Saarlandes, Saarbrücken.

Häfelinger, U. & Schube, V. (2007). *Koordinationstherapie – propriozeptives Training*
(Wo Sport Spaß macht, 3., überarb. Aufl.) Aachen: Meyer & Meyer

Janda, V. (1986). *Muskelfunktionsdiagnostik.* Berlin : VEB Verlag Volk und Gesundheit

Janda, V. (2000). *Manuelle Muskelfunktionsdiagnostik (4. Aufl.).* München. Urban & Fis
cher.

Kokkonen J. et al. (2007) *Chronic Static Stretching Improves Exercise.*
Medicine & Science in Sports & Exercise 39 (10), 1825-1831

Rancour, J., Holmes, C. F. & Cipriani, D. J. (2009). The effects of intermittent stretching
following a 4-week static stretching protocol: a randomized trial. *Journal of
strength and conditioning research / National Strength & Conditioning Associat
ion, 23* (8), 2217-2222

Schönthaler, S. R. & Ohlendorf, K. (2002). *Biomechanische und neurophysiologische
Veränderungen nach ein- und mehrfach seriellem passiv-statischem Beweglichk*

eitstraining (Wissenschaftliche Berichte und Materialien / Bundesinstitut für Sportwissenschaft, 1. Aufl.). Köln: Sport und Buch Strauß

Leal de Souza L. M. et al. (2016) *Vertical jump performance after passicve static stretching of knee flexors muscles* Zugriff am 25.05.2020 , Verügbar unter https://www.apunts.org/en-pdf-X1886658116601763

Wydra, G. & Glück, S. & Roemer, K. (1999). Kurzfristige Effekte verschiedener singulärer Muskeldehnungen. *Deutsche Zeitschrift für Sportmedizin, 50* (1), 10-16.

7 Tabellenverzeichnis